Aziz Nesin

▼

Aşk Şiirleri

Nesin Yayıncılık A.Ş.
Eskişehir Mah. Dolapdere Cad. Şahin Sok. No:84/A-C Şişli/İstanbul
Tel: 0212 291 49 89 • Faks: 0212 234 17 77
nesin@nesinyayinevi.com • www.nesinyayinevi.com

Ekim 2007-Aralık 2016 arasında 8 kez, toplam 12 bin 500 adet basılmıştır.
Dokuzuncu basım Nisan 2018 (1500 adet)

Bu seçkide
Aziz Nesin'in yayımladığı bütün şiir kitaplarından
Turgay Fişekçi'nin seçtiği aşk temalı şiirler ve
Ali Nesin'in desen defterlerinden seçilmiş çizimler yer almıştır.

Kapak düzeni
İlhan Bilge

İç sayfa düzeni
Süleyman Cihangiroğlu

NY.65

ISBN 978-975-9038-87-8
Sertifika No: 18231

Baskı ve cilt: Pasifik Ofset Ltd. Şti. Cihangir Mah. Güvercin Cad. No: 3/1
Baha İş Merkezi A Blok Kat: 2 Haramidere/İstanbul
Tel: 0212 412 17 77 Sertifika No: 12027

Aziz Nesin

Aşk Şiirleri

Desenler: Ali Nesin

NESİN YAYINEVİ

İçindekiler

Sol el Konçertosu

Demek yazamadan
Demek okuyamadan
Demek konuşamadan
Hem de ölmeden yaşanabilirmiş
Ama sevmeden yaşanamıyor Üzgülüm

Bir ölüyle bir canlı
Bir bedeni bölüştük
Sağ yanım ölmüş
Sol yanım capcanlı

Demek yazamadan
Demek okuyamadan
Demek konuşamadan
~~Ama seni düşünebiliyorum sevgilim~~
Ama düşünebildiğim için seni yaşıyorum
yaşayabildiğim için ~~seni~~ sevmiyorum
~~Seni~~ sevdiğim için yaşıyorum

Bir kolum bir elim bir bacağım ve dilim tutmuyor
~~Bir~~ Öyle bir sevgin var ki içimde
İşte beni hâlâ diri tutuyor
Seviyorum ~~hem de seni~~
~~Sevgin~~ yazamasam okuyamasam konuşamasam da
~~Seviyorum~~ sevdikçe yaşıyorum

28 Kasım 1983 Pazartesi
Saat – 23,22

Sol el konçertosu

Demek yazamadan
Demek okuyamadan
Demek konuşamadan
Hem de ölmeden yaşanabilirmiş
Ama sevmeden yaşanamıyor Üçgül'üm

Bir ölüyle bir canlı
Bir bedeni bölüştük
Sağ yanım ölmüş
Sol yanım capcanlı

Demek yazamadan
Demek okuyamadan
Demek konuşamadan
Ama düşünebildiğim için seni yaşıyorum
Yaşayabildiğim için sevmiyorum
Sevdiğim için yaşıyorum

Bir kolum bir elim bir bacağım ve dilim tutmuyor
Öyle bir sevgin var ki içimde
O beni hâlâ diri tutuyor
Yazamasam okuyamasam konuşamasam da
Seviyorum seni Üçgül'üm
Sevdikçe yaşıyor yaşadıkça seviyorum

28 Kasım 1983

Ali
20-Mart-2001

Hepsi

Bu kez de yırttım kefeni
Evvel sevda sayesinde

Yine atlattım ölümü
Bu son sevda sayesinde

Yaşamam sevda yüzünden
Ölümüm sevda yüzünden
Dünyaya gelişim neden
Peki gidişim neden
Önce sevda sonra sevda
Hepsi sevda sayesinde

3 Aralık 1983

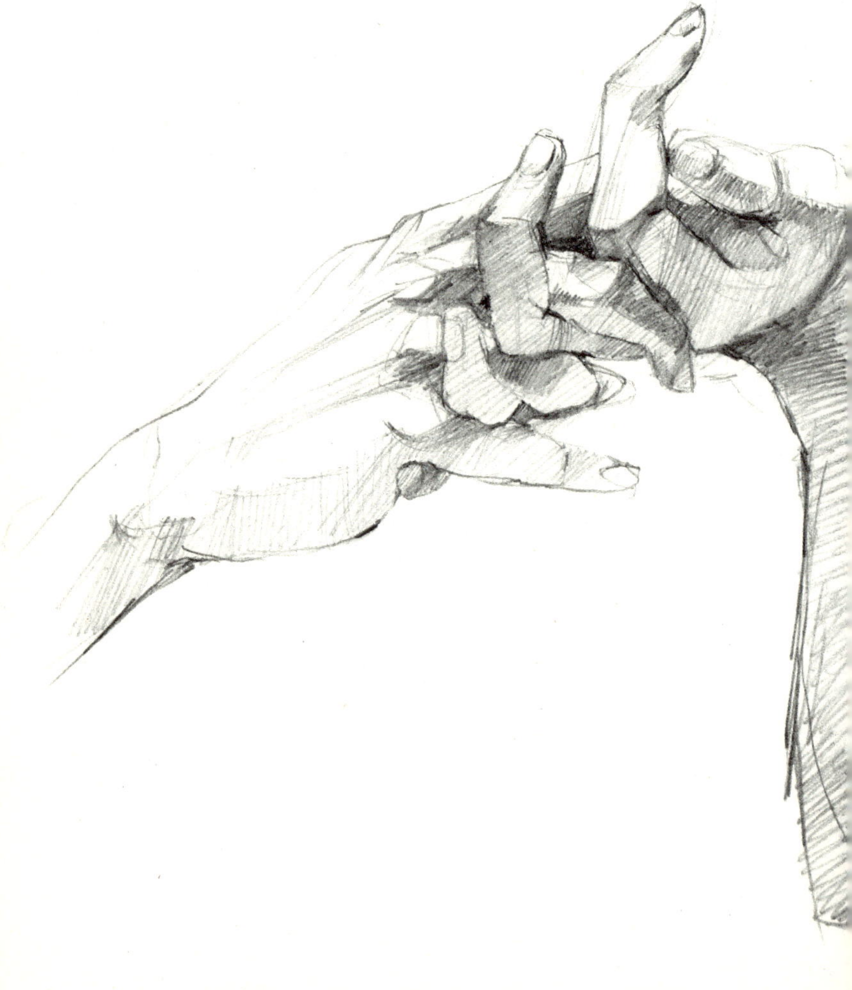

Sanı

Bu el var ya bu el
Neye yarar bu el
Yazı yazmaya
Kitap tutmaya
Ah bu sağ el
Altmışsekiz yıllık elim
Artık istencime uymuyor
Boş bir ceket kolu gibi sallanıyor omzumdan
Ben şimdi ne yazmak
Ne kalem ne kitap tutmak
Yanıbaşımdasın
Saçlarını okşamak
Sürebilsem saçlarına elimi
Sanıyorum elim canlanacak

6 Aralık 1983

Çelişki

Hem istiyorum ki
Bir elimle öbürünü tutunca
Senin nabzını duyayım
Ve sen tutunca kendi göğsünü
Duyasın benim yüreğimi
Usundan geçeni konuşmalıyım
İçimden geçeni yapmalısın
Öylesine yakın
Aynı uzamı bölüşelim
Hem istiyorum ki
Değil yan yana
Sonsuza dek böyle can cana

Hem de istiyorum ki
Bana hiç gelmeyesin
Bu güçsüzlüğümü
Bu yarım kalmışlığımı hiç görmeyesin
Yine de seni
Taa uzaklardayken duyumsayayım içimde

Hem istiyorum ki
Kimseler bilmesin sevgimizi
Nasıl görmezse gözüm gözümü
Sevinin içinde yitip
Bilmeyelim biz bile bizi
Öyle bir giz kalsın bu sevi
Kendimizden de saklayıp
Biz bile unutalım bu gizi

Hem de istiyorum ki
Duyuralım haykırıp dünyaya
Bütün insanlar
Canlı cansız tüm yaratıklar
Tek bilmeyen kalmasın
Bu eşsiz benzersiz sevgimizi

2 Aralık 1983

Kendime öğüt

Uslanma hiç hep deli kal
Büyüme sakın çocuk kal
Es deli deli böyle kal
Son harmanında sevdanın
Tüken toz toz savrula kal
Suçüstü bulmalı ölüm
Ölürken de sevdalı kal

14 Aralık 1983

Aşk üzre

Sevişirken yılan bile dokunmaz
Tapınmakta aşktan saygın olamaz
Sevda üzre yıldırım olsa çarpmaz
İstiyorsan uzak kalmak ölümden
Hep aşk üzre olmalısın a caaanım
Ki ölüm de sevişirken kıyamaz

2 Ocak 1984

Aynanda kalacaksın

Boşuna uğraşıyoruz gizlemek için
Bir zaman gizlesek de
Gün gelir gizlenemez
Açık gözlerime bakarlar o gün
Gözbebeklerimde görüp tanırlar seni

3 Ocak 1984

Sen söylemeden de biliyordum

Seziyorum ki kaçacaksın
Yalvaramam koşamam
Ama sesini bırak bende

Biliyorum ki kopacaksın
Tutamam saçlarından
Ama kokunu bırak bende

Anlıyorum ki ayrılacaksın
Çok yıkkınım yıkılamam
Ama rengini bırak bende

Duyumsuyorum ki yiteceksin
En büyük acım olacak
Ama ısını bırak bende

Ayrımsıyorum ki unutacaksın
Acı kurşun bir okyanus
Ama tadını bırak bende

Nasıl olsa gideceksin
Hakkım yok durdurmaya
Ama kendini bırak bende

25 Aralık 1983 / 4 Ocak 1984

Sarmaşık

Öyle bir boşluktayım
Düşüyor muyum ağıyor muyum
Belli değil yanım yörem
Sesini gönder tutunmaya
Sarılıp sesine kurtulayım

6 Ocak 1984

Susarak

Güneş altında söylenmedik söz yokmuş
Buyüzden geceleri söylüyorum sevdiğimi

Ne gece ne gündüz yokmuş söylenmemiş söz
Ben de söylenmişleri söylüyorum yeni biçimde

Hiçbir biçim kalmamış dünyada denenmedik
Ben de susuyorum sevgimi saklayıp içimde

Duyuyorsun değil mi suskunluğum nasıl haykırıyor
Susarak sevgisini ilan eden çok var sevgilim
Ama bir başka seven yok benim sustuğum biçemde

10 Ocak 1984

Sesindeki güneş

Ellerin güneş dolu geldin
Eteğin güneş dolu
Kucak dolusu güneş
Dudaklarında göğüslerinde getirdin güneşi
Saçlarında gözlerinde güneş
Gülüşün güneş güneş
Güneşi öptüm sesinde
Yüreğim akkora döndü
Sapasaydam kesildim güneşinden

Sen gelmezsen kış geliyor
Soğuyup donuyor güneşim
Buz tutmuş içim dışım
Cam gözlerimde donuk gözyaşım
Buzul çağını getirir gidişin
Sesten sese koşsam da senin değil
Sesini gönder hiç olmazsa
Bende donan yokluğunu
Isıtsın sesindeki güneşin

12 Ocak 1984

Ölerek olmak

Sevi doyumsuz
Verdikçe acıkıyor daha çok
Gittikçe obur
İstiyor hep
Ve her yerini
Ve en güzel yerini
Ve bütün zamanını
Ve bütün zamanından da çoğunu
Ve bütün olmazları ve olanaksızları
Ve hiç doymuyor

Sevi çevren gibi
İşte şu çizgi sanıyorsun
İlle de dokunacağım
Dokunur dokunmaz yokolacağım
Boğulacağım içinde kendi sevimin
Hepsini biliyorum
Ama yokolmadan doyulmuyor

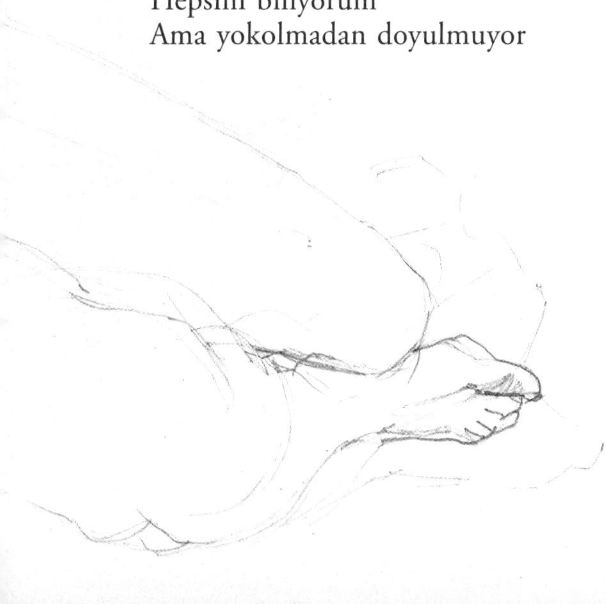

Sevi seviyse söylenceleşir
Masalsı bir dev hep büyüyen ve hiç doymayan
Ve etini ve ruhunu istiyor senin
Nerde olursa olsun
Yolda ve yatakta
Ve kurumuş yosunlar üstünde
Ve bir yaz gecesi ıslak kumsalda
Ve ne zaman olursa olsun
Hangi yaşta olursa olsun
Çok daha çok
Daha daha çok

Nice versen
Ve nice versem
Hiç mi hiç yetinmiyor
Artan açlığında tüketmeden kendini
Sonsuz isteminin yangınında
Yakıp kül etmeden kendini
Kendini kendinde yitirecek
Ve ölümsüzlükte kendini bitirecek
Çünkü sevdiğim sevdiceğim Üçgül'üm
Olmak denilen o şey
Ölmeden olmuyor

18 Ocak 1984

Sevgilim bulutlara bakınca

Gömütüm bulutlarda olsun
Bulutlar gömütümü uçursun
Gündoğumunda mavimsi
Günbatımında pembemsi
Yağmur sonu ebemkuşağı
Akşamları tavuskuyruğu

Bakınca gökyüzüne sevgilim
O sempatik bulutu görsün
Bulutum ona o bulutuma gülsün
Bulutumdan sevda yağsın
Baştan ayağa çiçeklere boyansın

13 Ocak 1984

Dünya nüfusu

Şunun şurasında kaç kişiyiz Üçgül'üm
Romeo'yla Jülyet'i saymazsak
Kerem'le Aslı
Ferhat'la Şirin
Tahir'le Zühre
Hadi Leyla ile Mecnun diyelim
Bir de seninle ben

11 Mart 1984

Çok istemek

Diyorsun ki
Zamanı ısıramayacağız birlikte hiçbir zaman
Öyleyse olabildiğince uzak kalmalısın benden
Olabildiğince ayrı birbirimizden
Saçından gözünden sesinden
Tedirginim güzelliğinden
Niçin anlamak istemiyorsun
Bir adamın kendini öldürdüğünü
Yaşamayı çok sevdiğinden

17 Mart 1984

Sevi durağı

Söz verdiğimiz yerde buluştuk
Söz verdiğimiz zamanda değil
Ben yirmi yıl erken gelip bekledim
Sen geldin yirmi yıl geç
Ben seni beklemekten yaşlıyım
Sense beklettiğin için genç

21 Eylül 1981

Güzelleme

Aslında bu denli güzel kokmaz hiçbir karanfil
Onda seni kokladığımdan bunca güzel

Aslında bu denli güzel olmaz hiçbir Sarıyer
Orda seni öptüğümden bunca güzel

Aslında bu denli güzel olmaz hiçbir dünya
Seni sevdiğim için dünya da böyle güzel

Aslında bu denli deli değildim sor kime istersen
Sevince seni delilik bile bak ne güzel

Aslında sen dünya güzeli değilsin
Sevdiğim için sen dünyada tek güzel

16 Mayıs 1982

İbrişim

Sen bu kentte yoksun
Sen bu kente hiç gelmedin
Adını bile duymadın bu kentin
Seni arıyorum bu kentte İbrişim

Seni sevdiğim zamanlarda sen daha yoktun
Şimdi evinde değilsin biliyorum
Yine de umutla telefon ediyorum
Seni arıyorum bütün zamanlarda İbrişim

Bu şiirlerin tadına varamayacaksın
Göndermediğim mektupları okuyamayacaksın
Hiçbir yerde ve hiçbir zamandasın
Yine de sana şiirler yazıyorum İbrişim

Belki sen bu dünyada yoksun
Belki ben hiç olmadım senin dünyanda
Olmadığımız zamanlarda olmadığımız yerlerde
Seni arıyorum olmadığın dünyada İbrişim

23 Ekim 1982

Yokluğundaki sen

Yine yalnız değilim her zamanki gibi
Bu Uzakdoğu gecesinde yokluğunlayım
Aramızda yirmibeşbin kilometre
Sen kıştasın ben yazdayım
Sen bir yarısında dünyanın
Ben öte yarısındayım
Yine de bırakmıyor ellerimi yokluğun
Daha da bir gönlümcesin
Varlığından bin kat güzel
O yalımsal çıplaklığın yalaz yalaz
Ve en gizlerden konuşurken ellerin
İçimden gelmiyor mektup yazmak demeden
Sevişiyoruz yirmibeşbin kilometreden

21 Ekim 1982

6-10-2005

Öpülen karanfil

Şam karanfillerinde bu akşam
Seni koklamak öperek
Havada bir sevi yanığı tütsü
Kasiyyun'da sıcak bu akşamüstü
Sarılıp yokluğunu öpüyorum

Kaç bin kez söyledim yine de az
Gizimi ele veriyor bu karanfiller
Nice saklasam belli işte seviyorum
Say ki bir öpüştür mektubuma eklenmiş
Sana bir Şamlı karanfil gönderiyorum

15 Mayıs 1982

Donuk sevi

Son öpüşmemiz
Anılarda donuk
Bir sevda kartpostalı
Sevenler gönderecek birbirine

Sokaklarında el ele gezdiğimiz
Canlı değiliz artık
Bir renkli fotoğraf oldu o kent
Birbirine yollayacak sevgililer

O son gecemiz
İçkievinde geçirdiğimiz
Bir resim ki donmuş zamanın içindeyiz
Postalanmak için sevgililere

25 Temmuz 1981

lem ve Kuzgun !
7 Mart 2008
alv

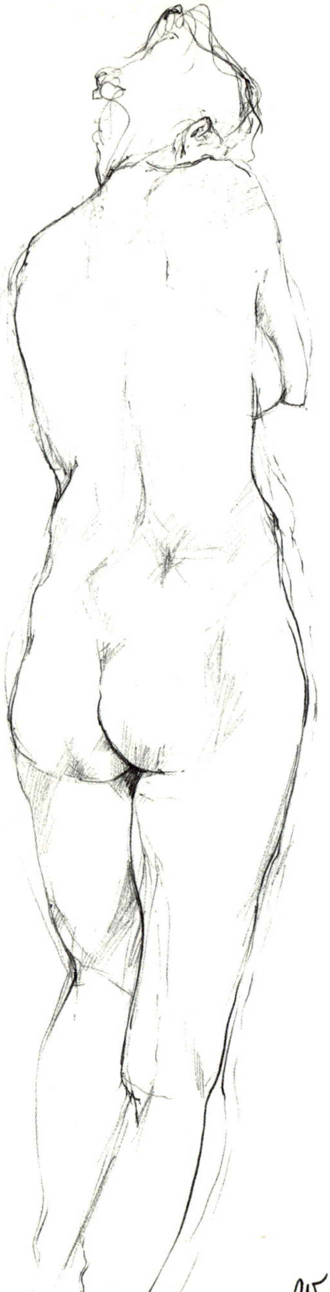

Boşuna

Sen yoksun
Boşuna yağıyor yağmur
Birlikte ıslanamayacağız ki

Boşuna bu nehrin
Çırpınıp pırpırlanması
Kıyısında oturup göremeyeceğiz ki

Uzar uzar gider
Boşuna yorulur yollar
Birlikte yürüyemeyeceğiz ki

Özlemler de ayrılıklar da boşuna
Öyle uzaklardayız
Birlikte ağlayamayacağız ki

Seviyorum seni boşuna
Boşuna yaşıyorum
Yaşamı bölüşemeyeceğiz ki

1 Temmuz 1981

Ali
98
Kemana

Harnupun bağrındaki çivi

Seni en çok
Güver uçurumundan bakarken aradım
Uçurum bir milyon yıllık
Yüzonbeş metre derinlik
Sevgimiz yedi yıllık
Ama Güver'den çok daha derin

Sanki birden
Tutacakmışsın gibi elimden
Bakarken uçuruma
Uzattım elimi sana
Şu kadar bin kilometreden
Ve tuttum Güver'in uğuldayan çığlığını
Yüzonbeş metreden
Duydum senin sesini
İki saat ayrımı olan o uzak yerden
Sevişmenin doruğundan düşer gibi boşluğa
Bir bilinmeyen kuşun çığlığı
Yuvarlandı dudaklarından uçuruma

Uçurumun kıyısında bir harnup ağacı
Uçurum bir milyon yaşında
Harnup yüz
Yedi yıllık sevgimiz
Harnupun dallarında çiçek açmış adak çaputları
Yaz kış çiçeklerini dökmüyor harnup

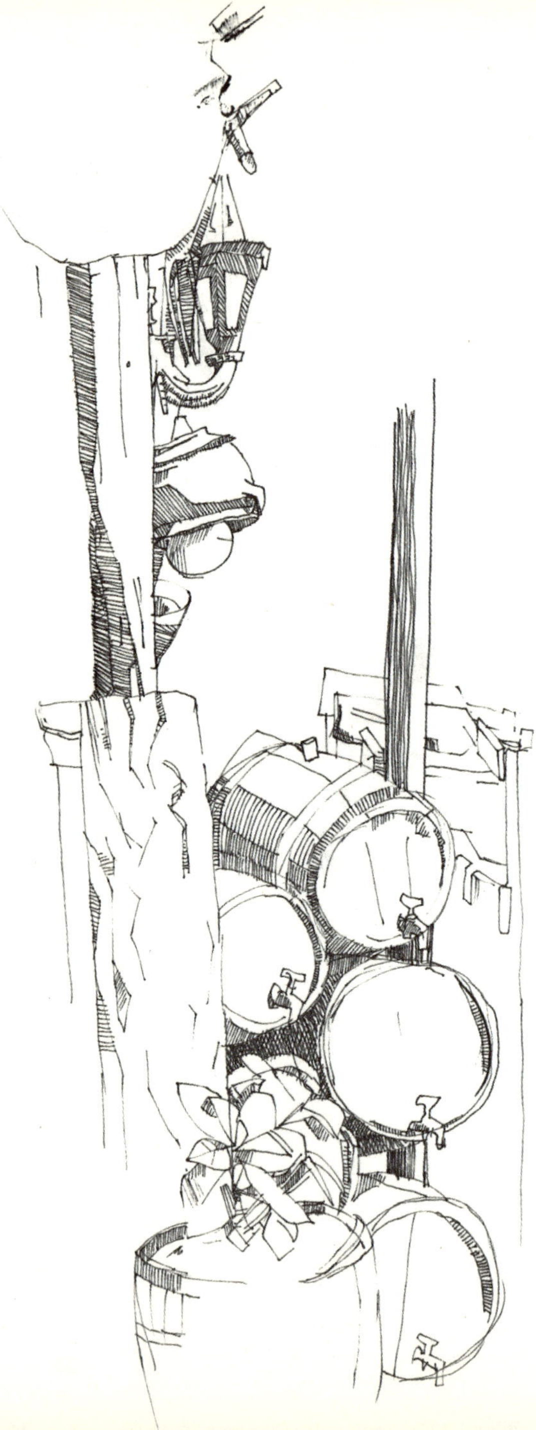

Gövdesine kalın bir çivi çakmışlar
Bencileyin acılar çeken harnup
Sakız sakız kanını akıtmış yarasından
Adak çiçekleri renk renk dallarında
Güver uçurumu bir milyon yıllık
Harnup yüz yaşında
Çivi on yıl önce çakılmış
Sevgimiz daha yedi yıllık

Benim tek niyetim sensin
Bu çiviyi çekip çıkarabilirsem bağrından harnupun
Benimsin
Çıkaramazsam olmayacak niyetim
Harnup çektikçe bağrındaki acıyı
Ben de çekeceğim ölene dek

Harnupun sakızı çivinin pasına kaynamış
Yarası derin mi derin harnupun
Tuttum çivinin başını
Ne de güçsüzmüş parmaklarım
Dayan sevdalı yüreğim
Göster gücünü demire
Göster gücünü sakızı taşlaşmış harnupa
Kurtar harnupun yüreğini
Ve kurtar kendi yüreğini
Çek çıkar çiviyi güçsüz parmaklarım
Herkül'se Herkül'ün parmakları
Zeus'sa Zeus'un
Zaloğlu Rüstem'in
Hazret-i Ali'nin parmakları ol

Savaşım zorlu mu zorlu
Kan ter içindeyim
Bir milyon yıllık uçurum
Harnup yüz yaşında
Çivi yarası on yıllık
Sevgimiz yedi
Pas sakıza sakız pasa kaynamış
Çıkarabilirsem çiviyi
Uçsun gönül kuşum kendi göklerinde
Çıkaramazsam
İşte uçurum

Paslı çivi oynadı yerinden
Ya kırılırsa başı çivinin
Canımı takıp dişime
Senin adını haykırdım uçuruma
Sesim geri döndü yüzonbeş metreden
Ve bir milyon yıl öteden
Çivi söküldü harnupun bağrından
Demek benimsin günün birinde sevgilim
Harnupun yarası on yıllık
Benimki yedi
Harnup yüz yaşında
Bir milyon yıllık uçurum
O paslı çiviyi saklıyorum
Güver uçurumunca sabırlıyım
Ölsem de kalsam da
Dünya durdukça seni seviyorum

26 Haziran 1983

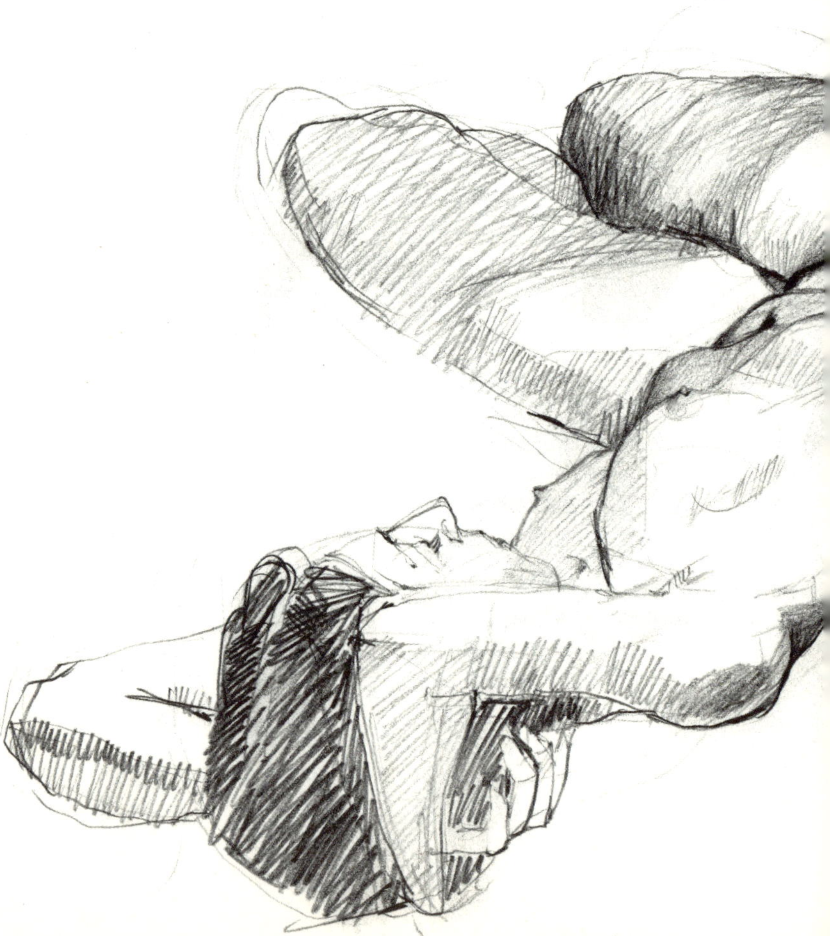

Yüzün

Güz sabahı buğusunda bir salkım üzüm mü
Avuçlarımdaki ne
Ay ışığı buluttan yansıyor yüzüne
Ben böyle bulutsu yüzü
Ben böyle ışıksı yüzü
Bir onyedi yaşındakinde seyretmiştim
Bir de şimdi düşümde

27 Aralık 1979

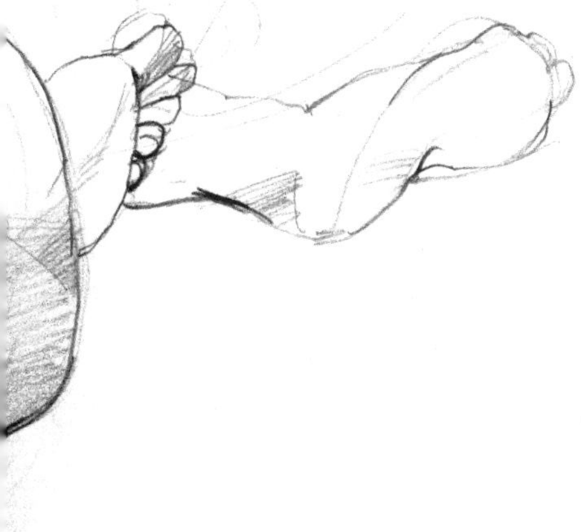

ali
2-3-2004

Sana adanmış bir gece

Saatin birindeyim
Derinden derindeyim
Varlık ile yokluğun
Birleşik yerindeyim

Saatin ikisidir
Gizlerin berisidir
Bu haykıran sessizlik
Yüreğimin sesidir

Saatin üçündeyim
Gönder'in ucundayım
Çekilmiş bir bayrağım
Kale'min burcundayım

Saatin dördündeyim
Olmazın derdindeyim
Yıllarca aradığım
Bir imge ardındayım

Sabahın beşindeyim
En sonun başındayım
Bir olmaz sevidir bu
Ben onun peşindeyim

Sabahın beşbuçuğu
Renklerin en uçuğu
Doğar karanlıklardan
Umudumun çocuğu

Hadi benimle dene
Selam ver yeni güne
Sevgilim senin için
Sabahı ettim yine

27 Temmuz 1982

Yok

Kitabımı sana adamak istedim
Gözlerine baktım
Gözlerin yok
Öpmek istedim
Yüzüne baktım
Yüzün yok
Tutmak istedim elini
Elin yok
İşit sözlerimi yüreğe işleyen
Kulakların yok
Anlat bana bişey anlat
Dilin yok
Haydi yan yana
Yanın yok
Kitabımı sana adamak istedim
Adın yok
Güvercin getirdi şiirimi geriye
Bu dünyada anlattığın kadın yok

22 Şubat 1983

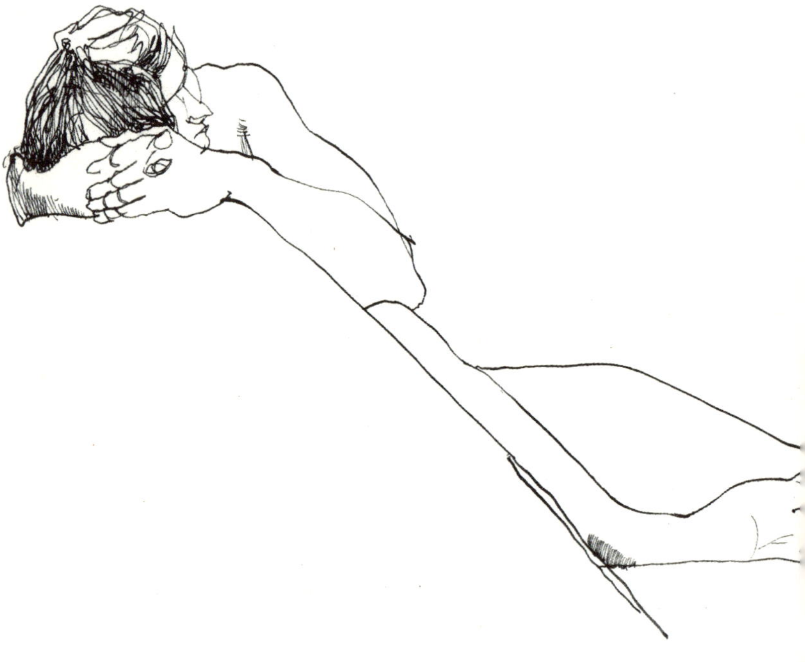

Ayrı dünyalar

Hangi gezegenden düştün beynime
Bir bakarsan dilin var ama değil
Hangi gezegenden indin gözüme
Güzel mi güzel ama değil
Hangi gezegenden geldin gönlüme
Seviyorsun sevmesine ama değil

Sen benim göklerimin kuşu değilsin
Değilsin benim toprağımın çiçeği
Sularımın balığı değilsin
Zaman birlikte ısırdığımız elma değil
Bak diş izlerimiz kalmamış anılarda
Bir dünyadanmışız gibi ama değil

14 Nisan 1983

Ali
2000

Arkadaşım badem ağacı

Sen ağaçların aptalı
Ben insanların
Seni kandırır havalar
Beni sevdalar
Bir ılıman hava esmeye görsün
Düşünmeden gelecek karakışı
Açarsın çiçeklerini
Bense hayra yorarım gördüğüm düşü
Bir güler yüz bir tatlı söz
Açarım yüreğimi hemen
Yemişe durmadan çarpar seni karayel
Beni karasevda
Hem de bilerek kandırıldığımızı
Kaçıncı kez bağlanmışız bir olmaza
Ko desinler bize şaşkın
Sonu gelmese de hiçbir aşkın
Açalım yine de çiçeklerimizi
Senden yanayım arkadaşım
Havanı bulunca aç çiçeklerini
Nasıl açıyorsam yüreğimi
Belki bu kez kış olmaz
Bakarsın sevdan düş olmaz
Nasıl vermişsem kendimi son sevdama
Vur kendini sen de bu güzel havaya

5 Mart 1983

Özlem

Bu gece öyle susadım
Öyle acıktım ki sana
Yanımdaymış sanarak
İkidebir kolumu attım
Kolum kopmuş gibi
Bu gece bir yanım yokmuş gibi

Dolunayı ısmarlamıştım senin için
Gelip elpençe karşıma durdu
Boğaz'ı ısmarlamıştım
Önümden deniz akıyordu

Öyle özledim
Öyle özledim ki seni
Ne olurdu öğrenebilmiş olsaydın
Gözlerinle saçlarınla parmaklarınla
Birazcık gülmesini

26 Haziran 1980

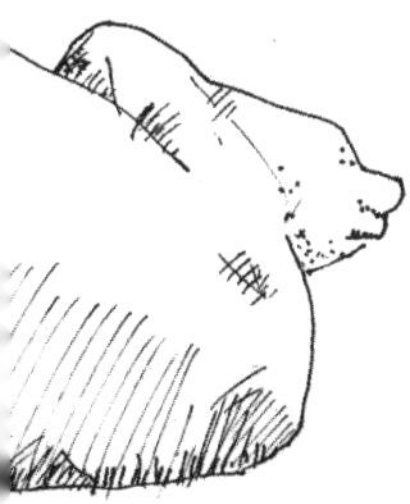

dW
8-11-2006

Piyano

Onsekiz yaşımla birlikte
Bu gece kapındayız
Dinliyoruz
Rüyanda çaldığın piyanoyu
Camlardaki yağmur sesinden

Sahibi olamadığın piyano
Tıpkı benim olmadan
Seni sevdiğim gibi
Sen senin olmayan piyanonu çalarsın
Ben benim olmayan seni dinlerim
Ne güzel sesler yağıyor bu gece

1953

Ali
3-4-2000

Bağışla

Ya zamanından çok erken gelirim
Dünyaya geldiğim gibi
Ya zamanından çok geç
Seni bu yaşta sevdiğim gibi

Mutluluğa hep geç kalırım
Hep erken giderim mutsuzluğa
Ya herşey bitmiştir çoktan
Ya hiçbişey başlamamış

Öyle bir zamanına geldim ki yaşamın
Ölüme erken seviye geç
Yine gecikmişim bağışla sevgilim
Seviye on kala ölüme beş

17 Mayıs 1986

Zamanımız varken

Yağmur yağıyor Şükûfe'm
Gök yaklaştı yere
İçin mi karardı Şehrâra
Öyleyse durmadan yatalım

İlkyaz uç verdi Şebnem'im
Erikler çiçek açtı Şîrinter'im
Ne duruyoruz Şehrâşub
Biz de hemen yatalım

Ağlamak mı geliyor içinden
Hem de nedeni bellisiz
Başka umarımız yok
Hadi Şehvâr'ım yatalım

Bir sevinç bir sevinç ki
Kahkahalar taşıyor gözlerinden
Bu fırsat kaçırılmaz Şehnâz'ım
Sarılıp sarmaşıp yatalım

Duyduğumuz savaşın ürküncü Şâyegân'ım
Acılar açlık gözyaşı
Neden yatmıyoruz yokolacaksak
Hadi Şehribân'ım yatalım

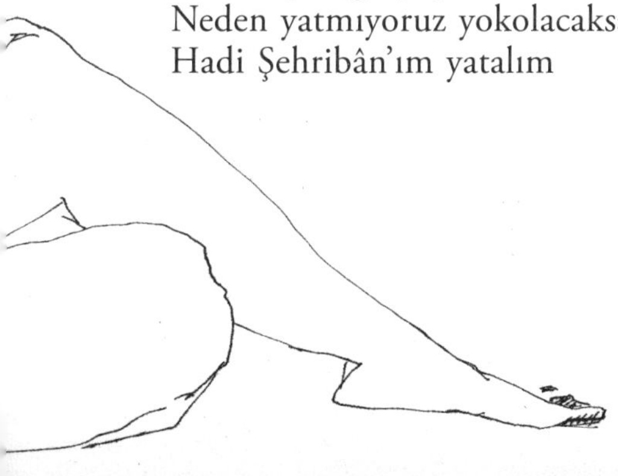

Yollar kardan mı kapanmış yatalım
Yıldızlar mı açmış gecenin laciverdinde yatalım
Artık durulmaz yatmadan Şâhika'm
Şîveger'im Şadiye'm hadi yatalım

İnsanlığın sonuysa sonu gelmesin diye
Zaman en büyük düşmanımız Şârıkâm'ım
Bir daha ele geçmez Şâyeste'm
Zamanı yitirmeden yatalım

Hiçbir nedenimiz yoksa yatmak için
Hâlâ varsa gücümüz varsa zamanımız
Uyduralım da bir bahane Şule'm Şûlebar'ım
Şîrin'im Şîrinzebân'ım hadi Şehdâne'm yatalım

13 Şubat 1982

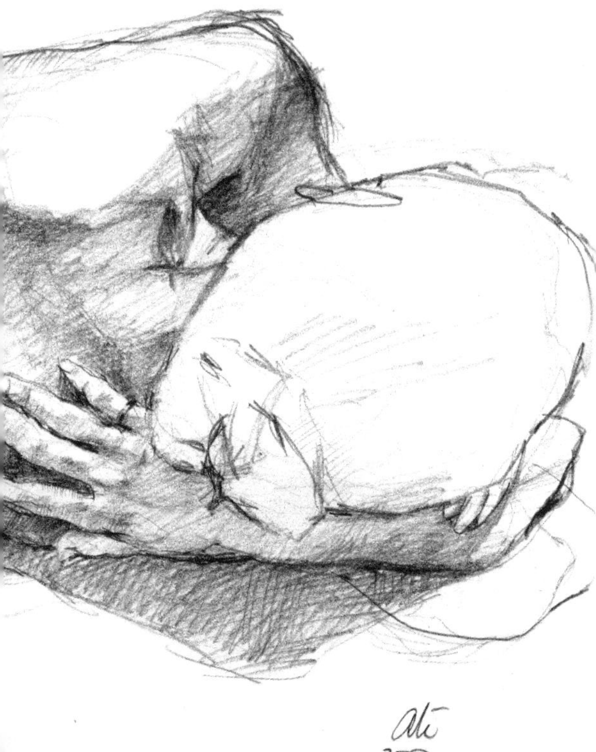

Kendini bir daha yaşamak

Erken geldiniz ölüm meleğim
Daha beş dakikamız var
Ne biraz erken ne biraz geç
Tam zamanında ölüşmeliyiz

Son beş dakikama sığacak
Bu uzun yaşamın hesaplaşması
Ders almaya zamanım kalmayacak
Çünkü yok bağışlayan beni benden başkası

Son beş dakikamda baştan sona
Bir daha yaşayacağım kendimi
Son kez ama hepsinin tadınca toplamınca
Öylesine sevişip sonra ölüşmeliyiz

1986

10 Ekim 2006

Aniçivo

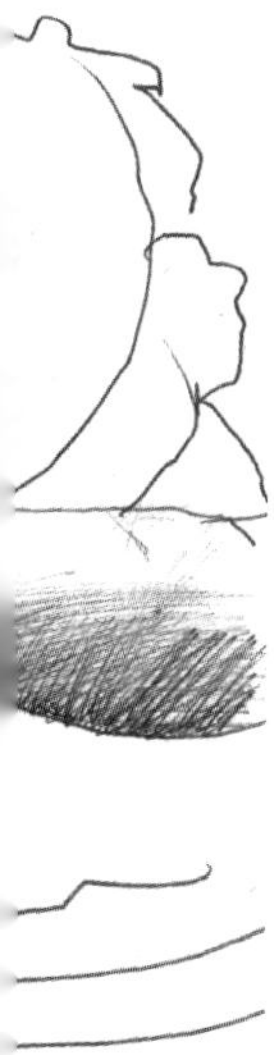

Sarınıvermiştin bir ak buluta
Sarı saçlarına örttüğün tül
Üstüne çiçekler serpilmiş bir mavimsi bulut
Bir elinde çiçek
Öbür elin elimde
Yirmi yıl geçmiş dün gibi

Bir gece nehir kıyısında öpmüştüm ilk
Üz azdan bir bütün
Biraz kaysı biraz ters biraz üzümdün
Ey Rambrand kadınlarından bir tombul kanarya
Şimdi ne kaysı kaldı ne üzüm
Hâlâ yaşıyoruz ya
Bu da yeter iki gözüm

18 Aralık 1985

Küçümencik hünerler

Benim de hünerlerim var
Kimseninkine benzemez
Benim de hünerlerim var
Küçücük küçümencik
Ne para eder ne geçindirir beni
Ne de kimseler ilgi duyar

En dar yerleri genişletirim ki
Dünyadan geniş
Ölüm hücrelerini uzaylaştırırım ki
Gezegenlere özgürdür geçiş
Zindanları aydınlığa boyarım ki
Pırıltısından gözler kamaşır
Kelepçelerimi kanatlaştırırım ki
Uçmaklara yaraşır
Yalnızlığımı kalabalıklaştırırım ki
Alanlara sığmaz
Sevdiğim kadını güzelleştiririm ki
Öyle güzel dünyada olmaz

15 Ağustos 1985

Diriliş

Gittikçe artıyor yerçekimi
Çek elimden
Kurtarsın yerçekiminden
Aşkın çekimi

Akıyorum aşağılara sızım sızım
Duyuyorum içimdeki derinlikleri
Öpe öpe çek çıkar
Soluğunla dirilt beni

Kumsaldan nasıl sızarsa sular
Çöküyorum en dibe azar azar
Dağılıp parçalanıp ayrılıyorum
Topla beni tut beni

Yağmurca gözyaşlarınca
Aşağı aşağı çizgilerim
Al avuç avuç fırlat gökyüzüne
Yeniden yarat beni

23 Kasım 1985

Ayet

Bu gece bir ses arıyorum
Beş yıl önceki sesin gibi girsin koluma
Bu üzünç çiseleyen puslu akşamda
İbrişim ibrişim aksın saçlarımdan

Bu gece o eski sesini arıyorum
Koluma girsin sımsıcak
Islanırken yağan yalnızlıklardan
Boyuna konuşup sesinin turuncusu
İçimdeki buzulu eritsin

Taksim alanından Balıkpazarı'na
Sesinin turuncusu kolumda
Cumhuriyet meyhanesindeyiz
Tıpkı o geceki gibi gelişigüzel konuş
Arnavutköy'de kiraladığın evden
Fener'deki resim gibi güzel papazdan
Söyle de ne söylersen söyle turuncu turuncu
Sözlerin değil sesin âyet bu gece

1981

Ali
05-01-2000

Sabırsız

Hançer kınında
Mermi namluda
Söz dilinde
Mektup zarfında
Rakı şişede
Nasıl sabırsızsa
Tıpkı öyle
Bu can tenden
Uçtu uçacak
Çırpınan yürek
Durdu duracak
Bir sevi esiyor ki
Vurdu vuracak

20 Şubat 1985

Bu gece

Rast gele bir telefon numarası çevirsem
Herhangi bir kadın çıksa
Seni seviyorum
Seviyorum seni desem
Kapasam telefonu

26 Ekim 1986

Özlem

O denli o denli çok beklettin
Alıştırdın bekletmeye kendini
Çok zamanlar geçti de geldin
Senden çok seviyorum özlemini

25 Mayıs 1986

Yalan

Sevgililer bile yalan söyleyemiyor
Yok mu bir yalan söyleyeniniz
Eskiden söylenenler gibi
Yılları vurmadan yüzüme

Kimseler yalan söyleyemez oldu
Bir ben kaldım beni kandıran
En çok gereksindiğim
Seviyorum diye söylenen
O tarih öncesi yalan

Bana bir yalan söyleyin ne olur
Çoktan hazırım inanmaya
O günlerdeki gibi kandıran

29 Eylül 1986

Herşey kendisi

Yalnızken ne denli içtenlikliyse
Her ne varsa kendi olduğu gibi
Yeniköy'de bu akşam
Herşey neyse o
Hiçbişey benzemiyor başka bişeye
Maviler mavi işte
Bulutlar gerçekten bulut
Deniz denizin ta kendisi
Ve sen öyle sensin ki
Olursa o denli olur
Seni öperken anladım
Bu akşam ben de ben olmaktayım
Hem de hiç olmadığımca

31 Ağustos 1987

Güneş doğunca

O çırılçıplak gecede
Sen sendin ben de ben
Bütün gece güneş açtık öpüşlerden
Gün doğunca ne olduk birden
O sabah kendi soğuğumuzdan
Kar yağdırdık güneşten
Hep o korkuydu içimdeki
Ya sen de sen değilsen

1980

Güzel yaşamak

Bir yanımda sevda bir yanımda ölüm
İkisinin ortasında yalnızlığımı taşıyorum
Bunca kahır bunca zulüm
Hepsine karşın güzel yaşadım
Yalnızlığımı bir an bile bırakmayan
Ölüm ve sevda yüzündendir
Ki hâlâ ne güzel yaşıyorum

23 Ocak 1988

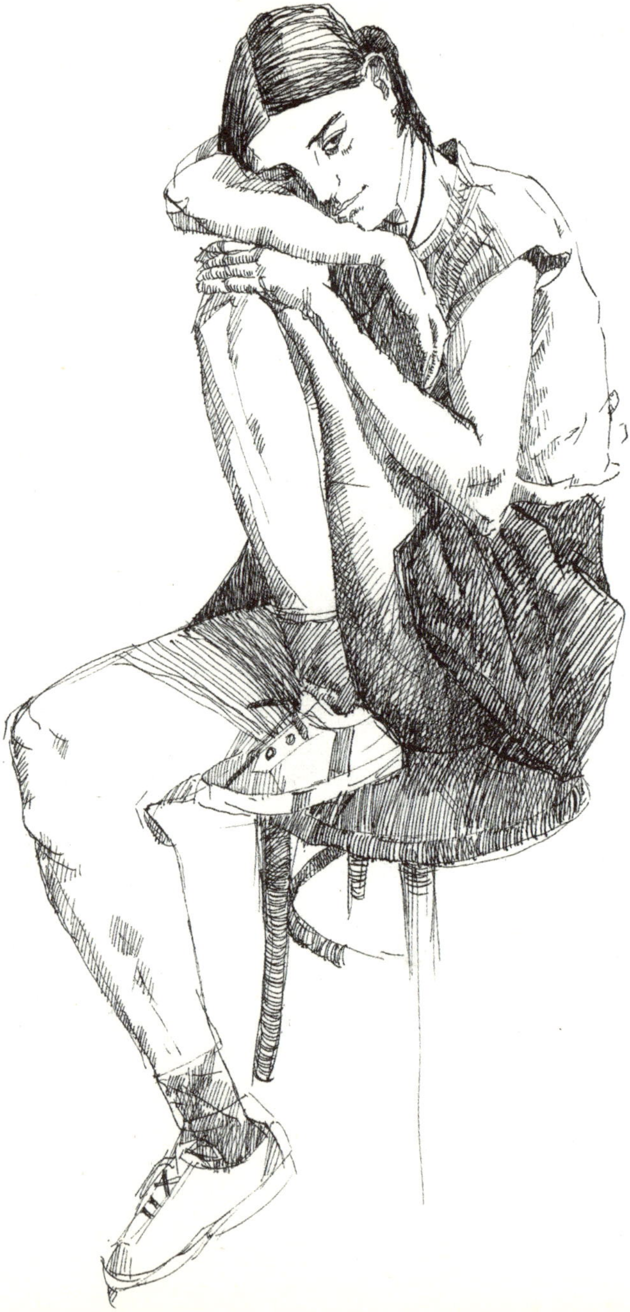

Hepsi aynı

Kaç sevgiliyi sonuncu sandıysam
Hepsi de aynı kadındı
Bilmiyorlardı kendilerini
Ama ben biliyordum
Çünkü ben aynı bendim

Kaç kadına seviyorum dedimse
Hepsi de aynı kadındı
Bilmiyorlardı birbirlerini
Ama ben biliyordum
Çünkü hepsini seviyordum

Kaç kadın ihanet ettiyse
Hepsi de aynı kadındı
Bilmiyorlardı kaç yaram olduğunu
Ama ben biliyordum
Çünkü vurulan hep bendim

Ocak 1988

Sevinin icadı

Zaman ilk bakıştıkları
Yer ilk el ele tutuştukları
Tarih ilk öpüştükleri
Kitaplar böyle yazacaktı

Çok garip bir insandı
Sevmek kendisiyle başlıyor sandı
Daha önce bilmiyordu hiçkimse
Sevi onun bulduğu addı

Öyle sevdi ki hepimiz gibi
Her sevgi sevinin yeniden icadı
Ne aldandığını ne aldattığını
Ayrımsamadan aldandı

23 Ağustos 1982

Son kışın ilkyaz güneşi

Hem sevinin hem şiirin kuraklığındayım
Hiçbir tohumum çatlamıyor
Kökümden hiçbir fışkın sürmüyor
Hiçbir dalım filizlenmiyor
Gittikçe daha çok çölleşiyorum

Ellerin bir uzansa çölümden yana
Parmakların bir dokunsa kuraklığıma
Dudakların değse bir ıssızlığıma
Fışkıran sular akacak gürül gürül
Sözcüklerim uçuşacak havamda
Seviler çiçeklenecek dallarımda
Türkülerim dans ederken göklerimde
Şiirlerim yağacak bulutlardan

Yolun düşecek mi bir daha çorak iklimime
Bir esinti gelecek mi kokunu getiren
Kimbilir ne yönden ne zaman doğacak
Bu son kışımın son günlerinde
Bir yalancı ilkyaz güneşi daha

28 Şubat 1988

O olmayan

Hangi kitabı açsam seni okurum
Hangi kapıyı açsam seni bulurum
Hangi cezaevine girsem
Demir parmaklıklarda sen
Hangi gara insem
Sensin beni bekleyen
Her yalnızlığımda benimlesin
Acılarımda üzünçlerimde
Umarsızlıklarımda özlemlerimde
Ne zaman ağlasam içimdesin
Sayrılığımda elin elimde

Seni hem yarattım kendimden
Hem yaşam boyu aradım
Ben yoksam sen de yoksun
Götüreceğim kendimle

Seviyi sevmek

Seviştiğimiz bu zamanların tarihi yok sevgilim
İsa öncesi de olabilir
Biz öldükten sonra da

Seviştiğimiz bu yerlerin adresi yok sevgilim
Hiçkimse bilmeyebilir
Yada herkesin evini bildiğince

Sevişirken sen de ben de yokuz
Koyun koyunayken birbirimizi tanımıyoruz
Yada kendimizi tanıdığımızca

Bunca yıl koşup aradığım gerçek
Buldum diye sevinirken
O hiçbir yerde olmayan

En güzelin ne olduğunu anladım sonunda
Seni değil sevgilim
Sende seviyi sevmek

16 Eylül 1988

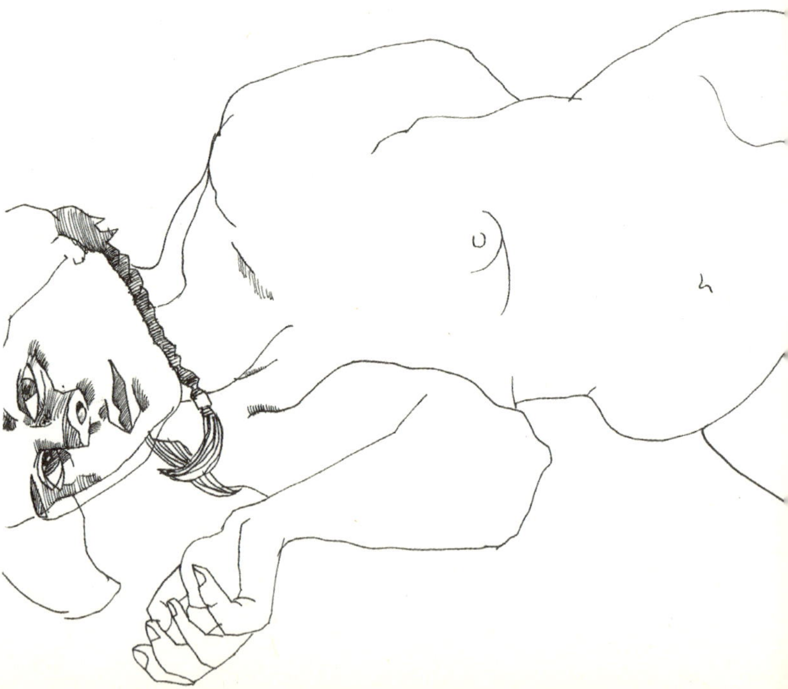

Bir tel saç

Bir ayağım onaltıncı yüzyılda
Bir ayağım yirmibir
Yüreğim sende
Usum aradabir

Masamın gözünü karıştırırken buldum
Bir tel saçını sakladığım o zarfı
Tek tel saç okşanmıyor
Öptüm sonra koydum yerine

Hâlâ tek tel saçındayım sevinin
Yirmibirinci yüzyılda yaşarken
Onaltıncı yüzyıldayım
Belli ki bir geç kalmış şövalyeyim
Hem de ortaçağların en soylusu
Belki de bir gecikmiş Don Kişot

8 Ağustos 1988

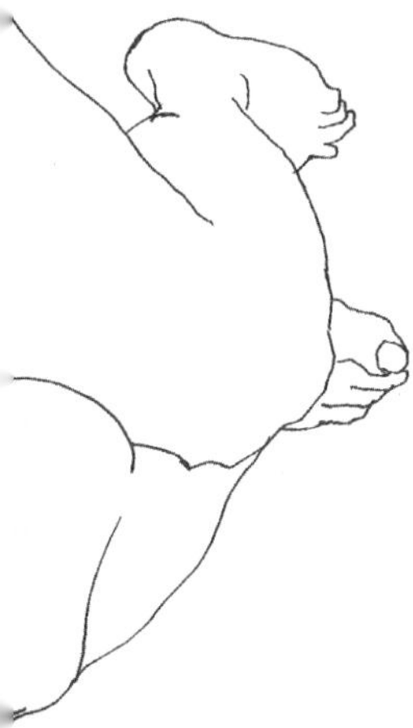

Zamanlardan zamanlara

Sâbirin adlı şarkıcı Arap kızı
Senin gülüşünle gülüyordu
Sonra odama gelip televizyonu açtım
Piramidin önünde yine sen
Ne zamandanberi Firavun'un kızı oldun

Adı Jacqueline mi Janette mi bilmiyorum
Sağdan üçüncü kızdı revüde
Senin bacaklarınla dans ediyordu
Folies-Bergere'de tıpkı sen
Ne zamandanberi Lautrec'in modeli oldun

Kırmızı Fener Sokağı'nda Amsterdam'ın
Vitrininde bir genelevin
Sonra kolunda bir sarhoş gemicinin
Senin dudaklarınla öpüyordu
Ne zamandanberi Van Gogh Müzesi'ne girdin

Öyle güzel bir evdesin saray yavrusu
Bahçesinde yapay göl ve yonutlar
Rokoko süslü püslü herşeyin ve saçların
Kitaplığında mektup yazan Bettina'sın
Ne zamandanberi Goethe'ninkilerden biri oldun

Benim küçücük küçümencik orospucuğum
Havva gibi ilk sandığım seni
Oysa Meryem'den daha geçmişi çok
Manet'nin Olympia'sıyken
Söyle ne zaman sen benim oldun

17 Nisan 1988

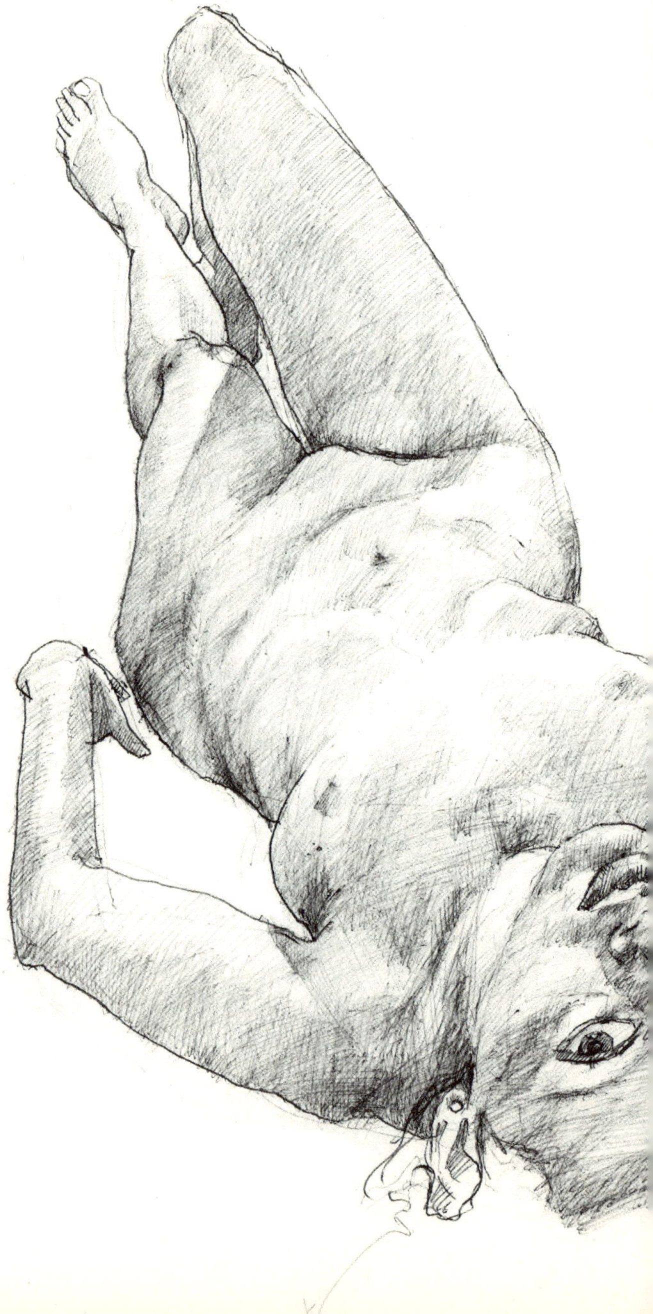

Doğumgünü telgrafı

Sen iyi ki doğdun
Ben iyi ki yaşıyorum
Ne güzel şey
Seni hâlâ seviyorum

2 Nisan 1989

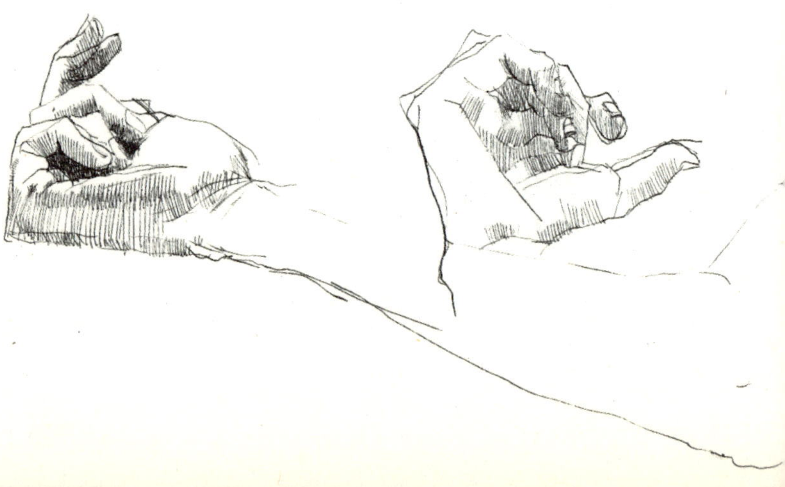

Telefon

Gelmiyorsun
Gelme
Sesini gönder yeter
Serum gibi kan gibi
Her türlü derman gibi
Bir iş için değil
Sormak öğrenmek için değil
Hiçbişey söylemeden
Anlat herşeyi
Sözcükler de istemem
Salt sesin sesin
Bir gül
Bir daha bir daha gül
Sonra kapat telefonu
Bende kalan sesin yeter

9 Şubat 1990

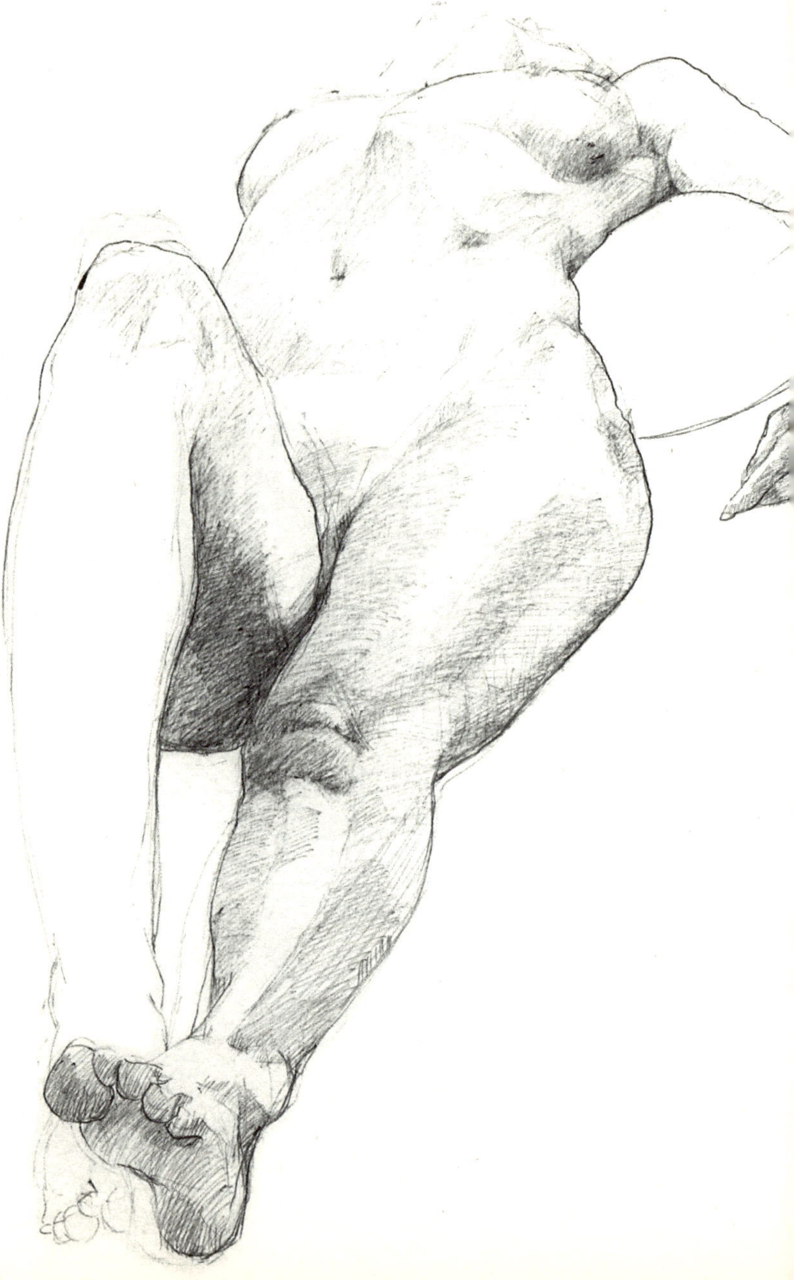

Diriliş

Baktın ki ölüyorum
Beni ılık su dolu bir küvete koy
Sonra çal Stravinski'nin
İlkyaz Sungusu'nu
Bir de çay buğusu tütsün buram buram
Sonra öp beni öp beni
Öyle kartpostallardaki öpücüklerle değil
En kösnül kösnül en soluk soluğa
Ve emzir dut uçlu memelerinden
Sonra tut elimden
Bırak artık sal beni
Başlarım yeniden yaşamaya
Uğruna bir yeni güzel dünyanın

21 Temmuz 1988

Yanlışlık

Bir yanlışlık var
Sen bu denli güzel
Ben bu denli sevdalı
Olmayacaktık

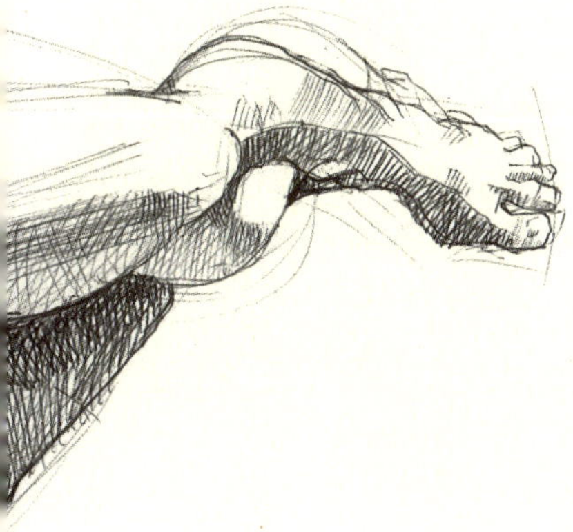

Bir aşk var bir de ölüm

Salma kendini öyle
Dik dur diri dur
Tıpkı otuz yaşındaymış gibi sapasağlam
Teslim olma sakın ölüme
O seni esir alsa bile
Esirliğin de onuru var çünkü
Teslim olmanın yok

Nice bitkin nice yorgun da olsan
Kaldır kendini tutup kendi kolundan
İşte kâğıt işte kalem
Önce bir nokta koy kâğıda
Sürdür noktayı çizgi olsun
Çizgilerden harfler dizilsin
Sonra düşüncenin kelebekleri sözcükler
Dünyanın en zor işidir yazmak
Bunu en iyi sen bilirsin
Tümce tümce kâğıtları doldur
Anlat aşkı anlat ölümü
Ölümün karşısında dik dur diri dur
Ki saygı duysun canını alırken ölüm
Senin verirken canını ölüme saygın gibi
Düşün ki bu dünyada ilk ölen sen değilsin
Son ölecek de

Sık dişini ağrılardan sancılardan sızılardan
Dayan be Aziz dayan
Gül şu güzel kadına karşında oturan
Salma kendini öyle
Dik dur diri dur
Şu genç kadını hadi dansa kaldır
Bastır göğsüne bastır
İki namlu gibi dayansın memeleri sayrı yüreğine
Olacaksan aşka teslim ol
Teslim olma ölüme

17 Şubat 1992

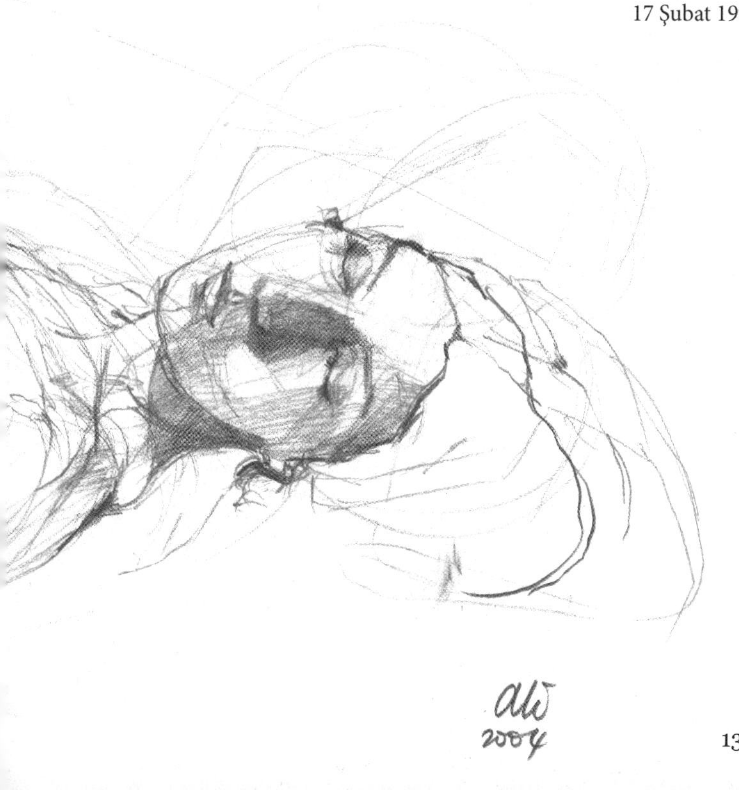

Rüyada seni yaşamak

Dün gece rüyamı gezdirdim sana
Tutup elinden
Kurulmakta olan bu yapıya çıktık
İskelelerden geçip
Kirişlerden tuğlalardan atlayarak
Merdivenlerden duvarlardan
Onbirinci kattaymışız
Birden bir erik ağacındasın sen
Kucağıma alıp indiriyorum dallardan
Kuştan hafifsin
Benimse hiç ağırlığım yok
Çok daha yükselecek bu yapı diyorum
Dahaca olmayan katları gösteriyorum
Bak onbeşinci yirminci kat
Bulutlara yükseliyoruz

Saatine bakıyorsun
Gitmek istediğini sezinliyorum
Seni kandırmak için diller döküyorum
Rüyamın her yerini gezmedin ki daha
Sonra kuşbakışı gösteriyorum
Şurda havuzumuz olacak
Kıyısında incir ağacı dut ağacı
Gölgesinde ikimiz

Rüyada bile sürmez ki mutluluğum
Başlamasıyla biter
İşte yatağımız yastığımız bulutlardan
Rüyamın en güzel yerini gezdirecekken
Uyanıyorum birden
Sen kimbilir nerelerdeydin
Ben o rüyada seni yaşıyorken

25 Temmuz 1990

Ali
16-09-2000
saat 23:56
Urfa
Sıra Gecesi !

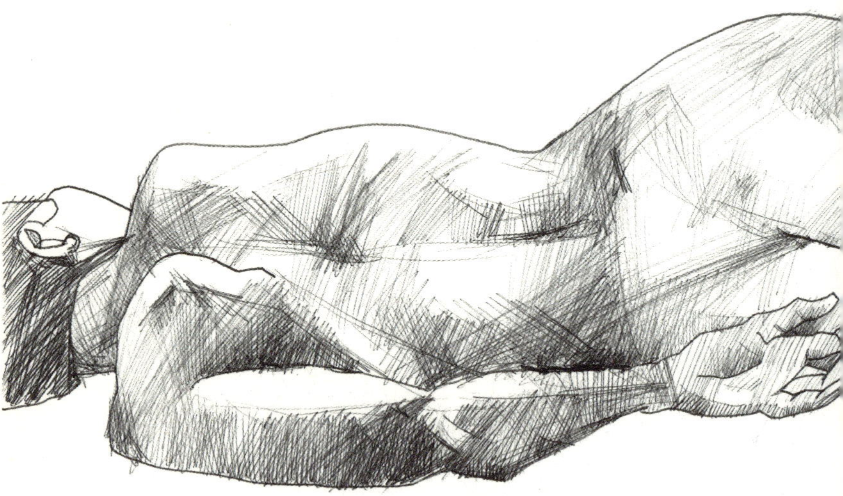

En güzel

Bu müze var ya bu müze
Seninle gezerken güzel
Kimseler yoksa salonda
Seni öpmek en güzel

Bu rakı var ya bu rakı
Seninle içerken güzel
Kimler olursa olsun
Rakılı dudağından öpmek en güzel

İşte bu dünya var ya bu dünya
Seninle yaşarken güzel
Sen varsın ya sen
Ancak benimleysen en güzel

13 Haziran 1988

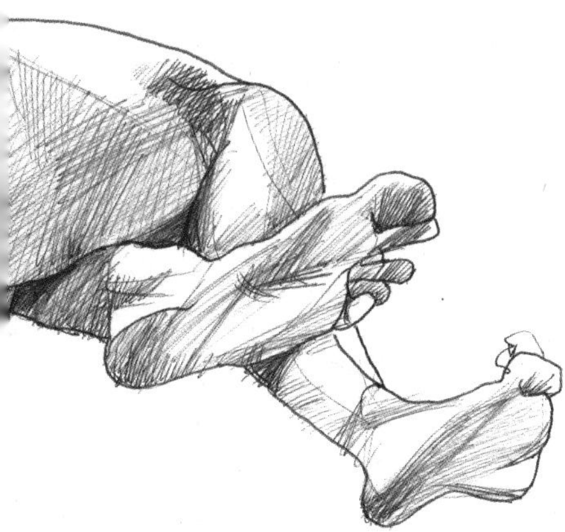

Bende kal

Bir tohum verdin
Çiçeğini al

Bir çekirdek verdin
Ağacını al

Bir dal verdin
Ormanını al

Dünyamı verdim sana
Bende kal

14 Kasım 1990
18 Ocak 1992

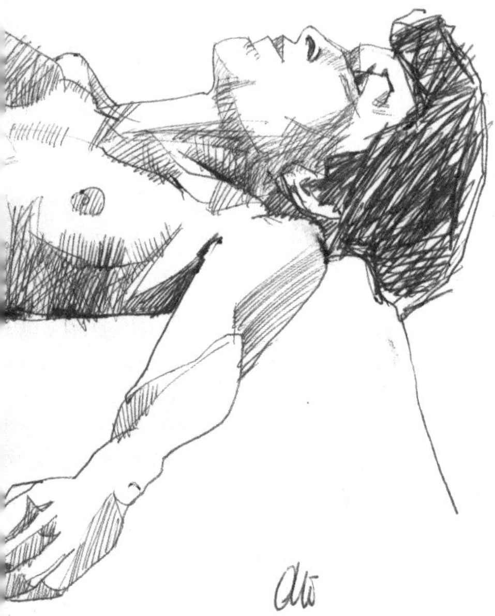

Kimsem

Öyle bir söz söyle ki bana
Kimselere söylemediğin
Ve hiçkimse sana söylememiş

Sana bir söz söylemeliyim
Kimselere söylemediğim
Ve hiçkimse bana söylememiş

26 Şubat 1991

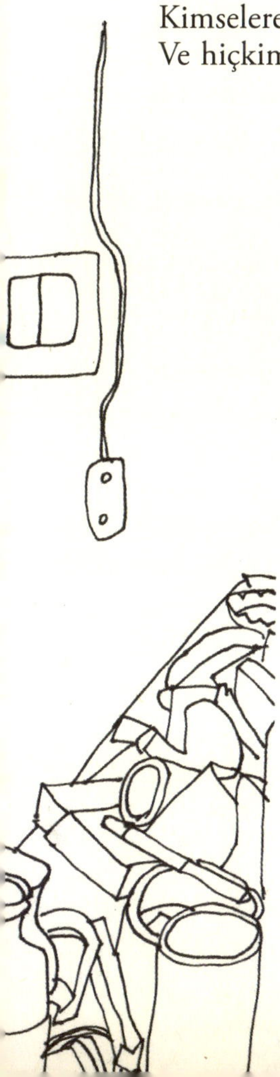

Bilinmeyen

Bu çerçeveye koyamam resmini
Seni sevdiğimi
Kimse bilmemeli
Sen bile

Nerdesin kimsin
Var mısın yok musun
Kimse bilmemeli
Ben bile

24 Ağustos 1991

3
4

Yitirdiğimiz

Telgrafın telleri yok artık
Kuşlarımızın konacağı
Türkülerimiz unutuldu çoktan
Güzelim kuşları seviştiğimiz zamanların
Kondukları bulutlarda kaldı

Bu bulutlar o bulutlar değil
Kuş gözleri yağdırıyor camlara
Yağmurlar gagalıyor anıları
Sararmış fotograflarda seviştiğimiz
Nice haykırsak duyulmuyor sesimiz

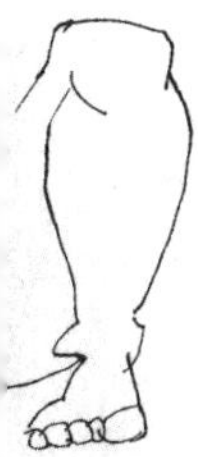

1982-1990

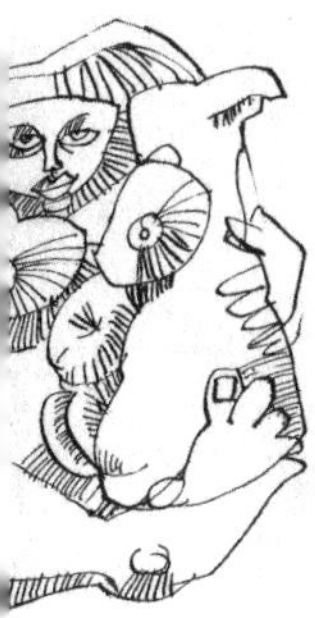

Ankara Garında

Bütün garlar üzünçlüdür ayrılışlarda
Dışı aydınlatıldıkça içi kararır
Garlar bile sevinçlidir kavuşmalarda
Dışı nice kararsa içi ışır

Sarılıştık öpüştük
Yalnızlığıma gidiyorum dedin
Gittiğin her yerde ben varım
Bana git
Geldiğin her yerde yine ben
Bana gel

25 Kasım 1991

Olanaksız

Sen bana aydan bakıyorsun
Ben sana yerden
Sen çok ötelerden
Bense gerilerden
Buluşamaz mıydık ortasında mekânın

Sen niçin bunca genç
Ben niçin bunca yaşlı
Uzatıyoruz ellerimizi
Kavuşamıyoruz
Oluşamaz mıydık orta yerinde zamanın

Sen bana geleceklerden sesleniyorsun
Ben sana geçmişlerden
İşitiyoruz birbirimizi
Ama duymuyoruz
Sevişemez miydik içinde şimdiki anın

12 Mart 1992

Şiirin ve aşkın utkusudur yenilgi

Sen ağzınla tutsan da şiirin kuşunu
Bir bakışınla şiirler konsa omuzlarına
Tırmansan da yokuşunu soluk soluğa şiirin
Sunsan da en doruğuna
Şiirin bunca yıllık çileli yorgunluğunu
Bu engebeli yolculukta bıraksan
Bir yalaz karanfil gibi son soluğunu
Geceler boyu şiirle sevişip
Nur topu sabahlar doğsa yeryüzüne
Yine de

Sağırlar pazarında körler satıcı körler alıcı
Söylemek sana düşmez susacaksın
Susacaksın çünkü şiirin onuru

Şiir de tıpkı aşk gibidir
İkisi de yenilgide açar çiçeklerini
Şiirin ve aşkın utkusudur yenilgi
Yenildikçe âşıksın yenildikçe şair
Şairin hası yenilir hep yenilir

24 Kasım 1991
15 Şubat 1992

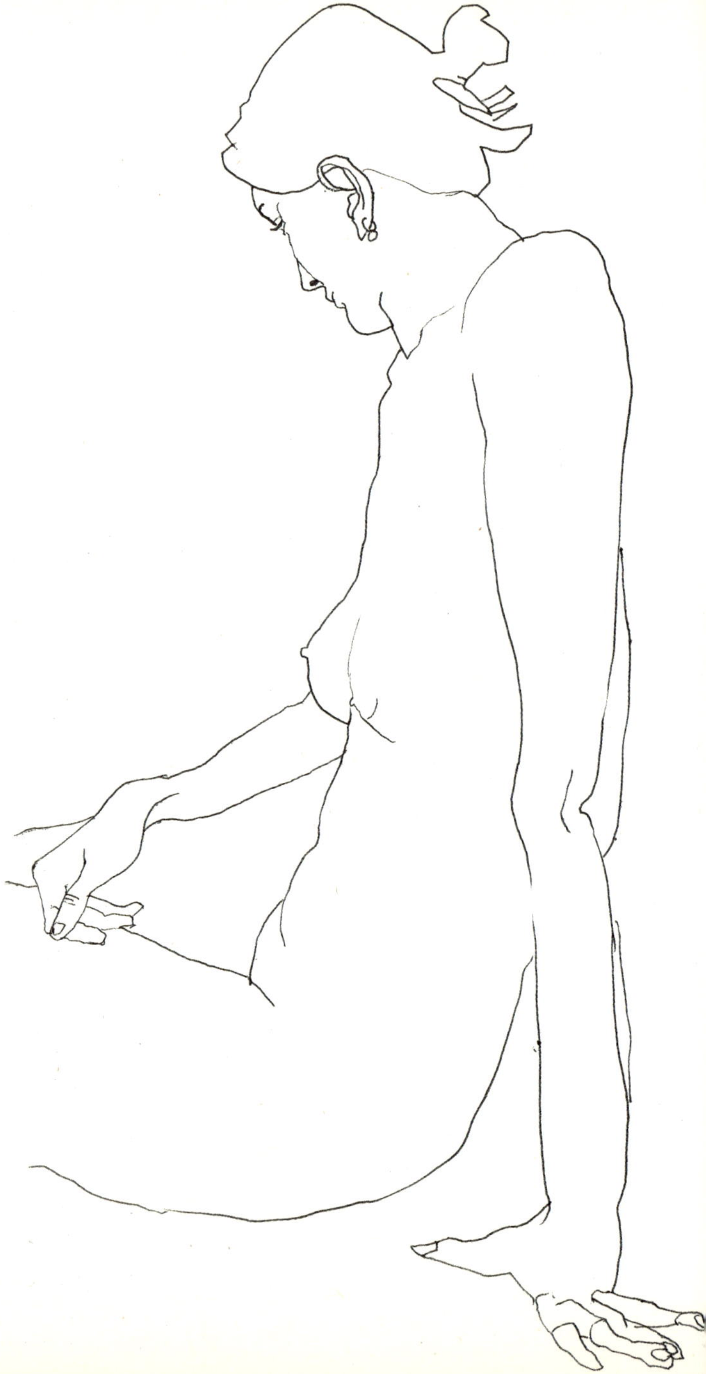

Hücrede

Küf tutmuş duvarlar yosun bağlamış
Üç aralıklı demir parmaklık var daracık penceremde
Tek devinen bulutlar parmaklık aralarından görünen
Bulutlar yabanıl at sürüleri
Bir bakarım sen de olmuşsun bir bulut
Dağıtmışsın saçlarını güneşe karşı bu sabah
Kimileyin acımasızlaşır bulutlar saklar seni benden
Buluttan örtünle yitip olursun bir başka bulut

Gece karanlığında bir büyüteçten bakarım sesine
Öyle büyür ki şarkıların sığmaz gökkubbesine

Duvarda yer yer dökülmüş sıvalar çatlaklar çizikler
Çiviyle iğneyle yanık kibritle yazılmış
Duvarlara anılar günceler mektuplar
Sen de var mısın diye baktım dört duvara tavana
Ah işte senin mektubun üç sözcüklü
Seni seviyorum çok
O mektubu senden bana ben yazmıştım yanık kibrit ucuyla

Ah işte duvarların çatlaklarındaki çizgilerden
Ve duvarlara sıçramış kan lekelerinden
Ve küf ve yosun rengi boyayla yaptığım resmin karşımda
Çırılçıplaksın ve uzanmışsın boylu boyunca
Hücremin görünmeyen yumuşacık boşluğuna
Dünyanın hiçbir sanat müzesinde olamaz bu denli güzel çıplak

Gitme ne olur diye yalvarıyorum uzatıp ellerimi
Yavaş yavaş dağılıp yitiyorsun bir buğu gibi

Güzelliğin salt kokusu kalıyor bende
Başka hiçbir kokuya benzemeyen

Zaman olur ne bulutlarda görünürsün ne duvar lekelerinde
Ne büyüteçle büyür gökkubbeye sığmayan şarkıların
Ne de kokusu kalır hücremde güzelliğinin
İşte o zaman büsbütün umarsızım sensizleşirim
Yonutunu yapıyorum hücremde benimle tutuklu havadan
Havayı yoğuruyorum günlerce seni biçimlendirmek için
Tıpkı 1950'de öğrenciliğindesin kolleji yeni bitirmiş
Kırküç yıl önce nasılsan tıpatıp öylesin
Deniz köpüklerinden doğmuş Afrodit değil bu yonut
Cıgara dumanlı havadan yoğurduğum benim dünya güzelim
Karanlığında hücremin apaydınlıksın
Sedef gibi pırıl pırıl ve çırılçıplak

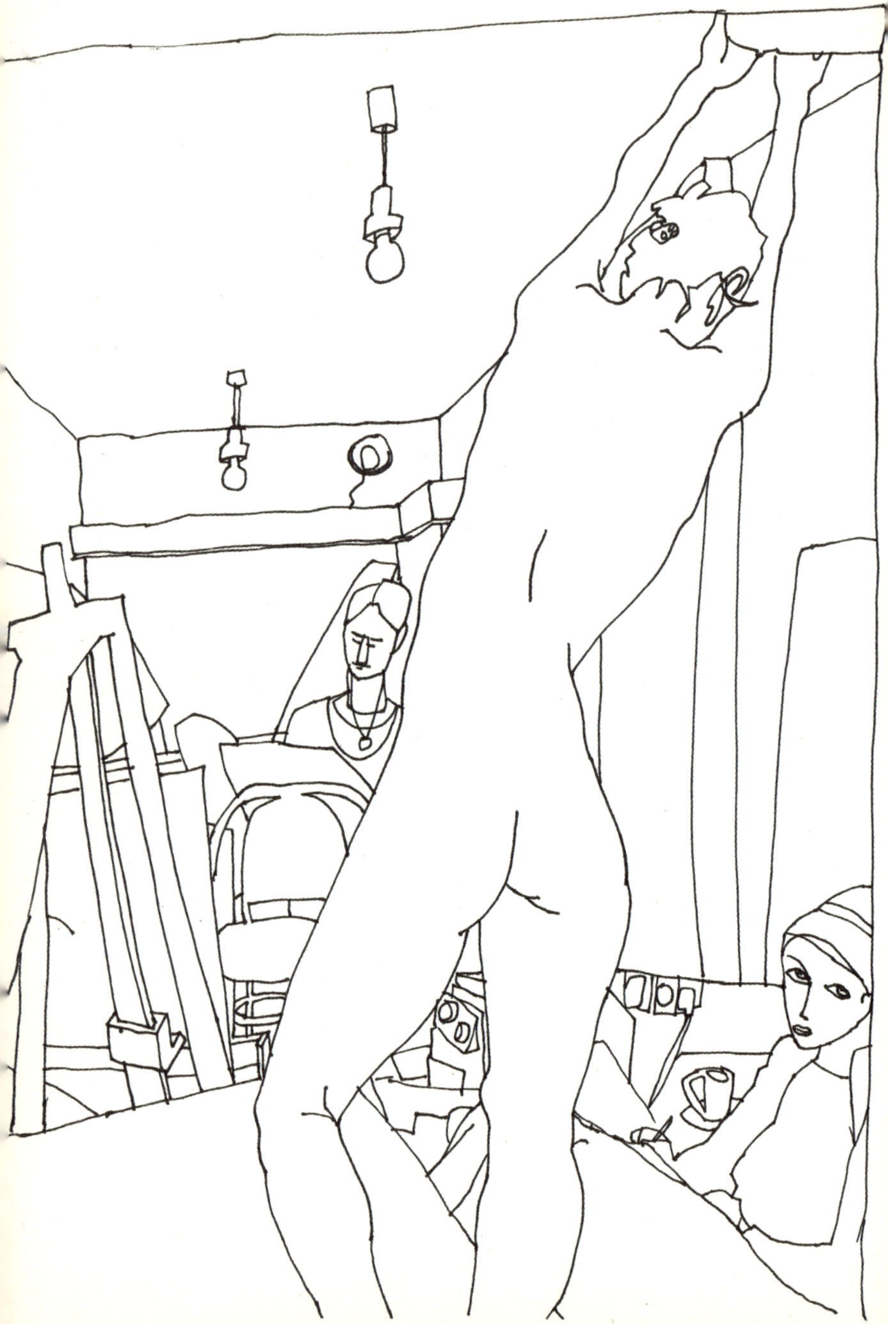

İçimden bana sarılmanı istiyorum sarılıyorsun
İçimden beni öpmeni istiyorum öpüyorsun
İçimden yatsak diye geçiriyorum yatıyoruz
..................ve sabah oluyor
Pencere demirlerinin arasından bakıyorum bulutlara
Saçlarını dağıtmamışsın güneşe karşı
Yoksun bulutlarda bu sabah
Ne de büyüteçte gökkubbeye sığmayan sesin
Ne o güzel kokun ne yonutundasın ne resminde
Sen seni tanıdığımdanberi bendesin
Yarım yüzyıl önce ben cezaevine sen kendi yoluna
Şimdi nerdesin ne yapıyorsun kiminlesin
Bilmiyorum öldün mü yaşıyor musun nicesin
El sallamıştık o gün ayrılırken birbirimizden

Sana verdiğim sözü de beni de unutmuşsundur çoktan
Ne zaman nerede olursan ol
Haberin bile olmadan
Yarım yüzyıl önceki sen
Her zaman her yerde hep benimlesin

24 Eylül 1993

Sesin

Bungun bunalımlı kapkaranlık bir sabahtı o gün
Güneşin karanlıklar saçtığı bir sabah
Telefondan duydum sesini taa uzaklardan
Seni düşünüyorum kaygılar içinde diyen
Günüm gecem yolum gözüm aydınlanıverdi birden

Nerde olsam o sesin benimledir hep
Çevremde uçuşup ötüşen muhabbet kuşlarıdır sesin
Uyurken uyanıkken rüzgârda yağmurda karda
Ne ben söyleyebiliyorum ne de sen
Ama her ne söylesek söyleyemediğimizi anlatıyor sesimiz

Boşuna kaygılanma sevgilim
Ölüm de aşk gibidir çünkü
Hiç bilinmez nerden ne zaman nasıl geleceği
İstemem ama bir bomba yada kurşunla gelebilir
Senin bir yıldızlı gecede dünyama doğduğun gibi

Kaygılı sesinden başka neyim kalır geride
Bir de dahaca sana söyleyemediklerim
Ne özlem kalır ne acılar ne gözyaşı ne de anımsarım seni
Cıvıldaşsa da kuşlar başucumda artık duyamam
Günlerdir seni düşünüyorum diyen sesini

28 Şubat 1993

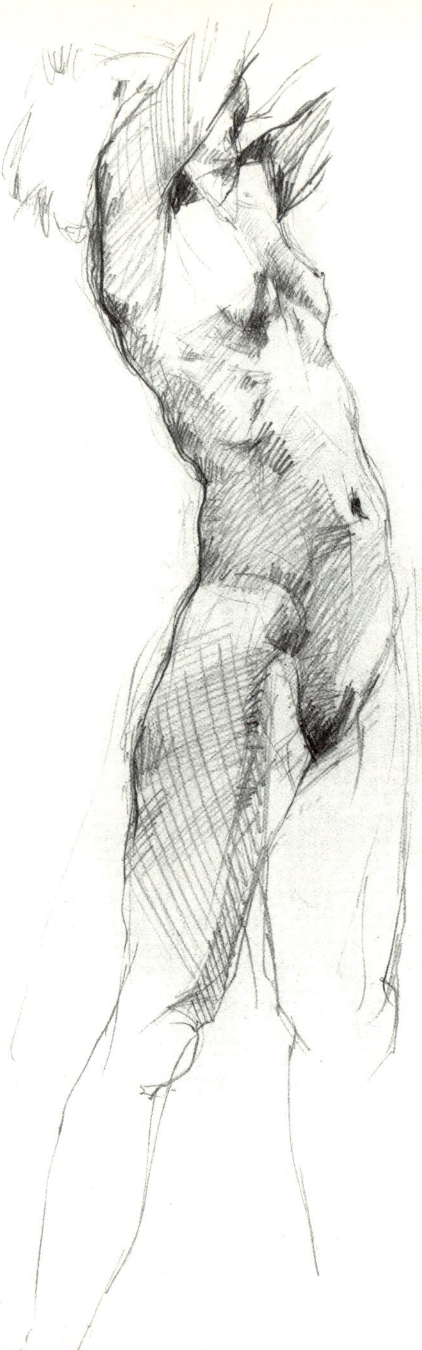

Telefondaki sesin

Telefon teline tünemiş bir serçe
Başını sokmuş kanatlarının altına
Telefon telinden kayarak yağmur damlacıkları
Damlıyor yere

Telefondaki sesin öyle üşümüş ki yalnızlıktan
Sesini öpüyorum yüreğini ısıtmak için
Hohlayıp avuçlarımı sesini ovuşturuyorum
Öyle üşümüşsün ki yalnızlığından
Ne yapsam seni ısıtamıyorum

Ergenliği çatlamış oğlan çocuğu sesiyle ağlıyorum
Beni de üşütüyor gözyaşların
Kayıp kirpiklerinden yaşlar
Yüreğime düşüyor
Beni de üşütüyor

Ilıtıp yüreğimde sözcükleri
Dün gece sana rüyamda söylediklerimi
Bir bir öperek yineliyorum

Sesinin bulutlarından çıkıp açıyor güneş
O oğlan çocuğu sesinle gülüyorsun
Birden ısınıyor sesin

Telefon teline tünemiş serçe
Çıkarıp başını kanatlarından
Pırr diye uçuyor göklere
Telefondaki seslerimiz tutuşup elele
Uçuşuyoruz havai maviliklere

1 Mart 1995

Ayrılış anısı

Tam da ayrılacağın zamandı benden
İçinde bulunduğum hava cama kesti
Camın öte yanında seninle ben vardık
Beri yanında ben kendimleydim

Tam da ayrılacağın zamandı benden
Dönmüştün arkanı geçmişine
Yüzün dönüktü şimdiye
Çepeçevren bakıyordun sonralara

Camın içinden geçip gittin
Eteklerinle geçmişi sürükleyerek
Siluetin kaldı camda öylecene
Bakakaldım senden kalan boşluğa

Gittikçe yoğunlaşan bir sis
Buğulandırdı aramızdaki camı
Sen de öncekiler gibi bırakıp
Zamanda açtığın boşlukta yittin

22 Aralık 1993
21 Mart 1995

alw
6-10-2005

Bütün sorun işte bu

Ben seni hiç unutamıyorum
Sense beni hiç anımsamıyorsun
İşte bütün sorun bu

O beni hiç unutamıyor
Bense onu hiç anımsamıyorum
İşte bütün sorun bu

Artık konuşmuyor
Ne senin ne benim gözlerimiz
Seni yansıtmıyor gözbebeklerim
Ben de yokum gözbebeklerinde
Varsın öyle olsun
Sen gelmesen de
Anımsamasan da beni
Hiç olmasan bile
Ben seni yine de beklerim
Bütün sorun işte bu

28 Ağustos 1994

Gökkuşağı

Senin rengin pembedir sevdiceğim
Pembeler kız çocuğu rengidir
Pembeler açar umut umut sevdiceğim

Senin rengin mavidir sevdiceğim
Maviler oğlan çocuğu rengidir
Maviler açar umut umut sevdiceğim

Ya bu gökkuşağının renkleri
Bir bakarsın açılmıştır renk renk
Bir bakarsın görünen salt bir bulut

Gökkuşağı benim renklerimdir sevdiceğim
Bütün renkler yansır bende ışıl ışıl
O olmayacağım zamanlarda açar beni beni

Bir yaz yağmuru sonunda aç pencereni
Seyret gökyüzünü beni göreceksin sevdiceğim
Bir demet renkler cümbüşüyümdür salt sana görünen

18 Nisan 1995

Yetmişsekiz yaşında düello

Bu yaşta benim bir yılım bir ayda biter
Bir ayım bir günde
Bir günüm bir saatte
Giderek bir saatim bir saniyede biter

Aşkla zaman can düşmanlarıymış anladım
Aşksız yaşayamam yaşamadım
Ya aşktan ya candan geçmeliymiş
İkisinden de vazgeçemem

Zamanım tükenince elbet aşkım da bitecek
İçimde kılıç kılıca iki düşman
İkisinden biri değil
İkisi birden düşüp ölecek

24 Aralık 1992

Ali
20-04-2004

Mutluluk anıtı

Mutluluğun capcanlı anıtını gördüm geçen gün
Dimdik bir yokuştan çıkıyor
Çok yaşlı bir kadınla bir erkek
Kol kola elele
Dayanmışlar birbirine
Bakışları gülüşleri titrek titrek
Sanki yapışıp kaynaşmışlar
Buruşuk dudaklarıyla öpüşerek
Bakıyorlar gözbebeklerine
İlk günkü gibi ürkek
Kim görse onları inanırdı
Bu aşk sonsuza dek
İlk günkü gibi sürecek
Bir ayrılsalar birbirinden
Sanki ikisi birden
Düşüp birbirinin kucağına
Hemen oracıkta can verecek

Her ilk aşk böyle bitecek sanılır
Sonu düş kırıklığı olsa bile
Mutluluk anıtına inanılır
En güzel aldanıştır aşka inanmak

15 Haziran 1993